BEI GRIN MACHT SICH IHR WISSEN BEZAHLT

Thomas Lippke

Wirtschaftspolitische Handlungsoptionen vor dem Hintergrund der Finanzkrise

GRIN Verlag

Bibliografische Information der Deutschen Nationalbibliothek:

Die Deutsche Bibliothek verzeichnet diese Publikation in der Deutschen National-bibliografie; detaillierte bibliografische Daten sind im Internet über http://dnb.d-nb.de/ abrufbar.

Impressum:

Copyright © 2009 GRIN Verlag GmbH
Druck und Bindung: Books on Demand GmbH, Norderstedt Germany
ISBN: 978-3-656-42250-1

Dieses Buch bei GRIN:

http://www.grin.com/de/e-book/213650/wirtschaftspolitische-handlungsoptionen-vor-dem-hintergrund-der-finanzkrise

GRIN - Your knowledge has value

Der GRIN Verlag publiziert seit 1998 wissenschaftliche Arbeiten von Studenten, Hochschullehrern und anderen Akademikern als eBook und gedrucktes Buch. Die Verlagswebsite www.grin.com ist die ideale Plattform zur Veröffentlichung von Hausarbeiten, Abschlussarbeiten, wissenschaftlichen Aufsätzen, Dissertationen und Fachbüchern.

Besuchen Sie uns im Internet:

http://www.grin.com/

http://www.facebook.com/grincom

http://www.twitter.com/grin_com

Hausarbeit

Wirtschaftspolitische Handlungsoptionen vor dem Hintergrund der Finanzkrise

SRH Fernfachhochschule Riedlingen

Wirtschaftspolitik
Betriebswirtschaftslehre – Retail & Distribution

von
Thomas Lippke

Inhaltsverzeichnis

1. Einleitung

1.1 Fragestellung und Zielsetzung dieser Arbeit

Ausgehend vom Brennpunkt USA, hat sich die dortige Immobilienkrise zu einer Krise mit globalen Ausmaßen entwickelt. Allgemeinhin als „Finanzkrise" bekannt, ist diese Krise mittlerweile zu einer Bedrohung der stabilen und intakten Weltwirtschaft geworden. Banken kündigen Verluste und Abschreibungen in Höhe von Milliarden an oder sind vereinzelt von der Insolvenz betroffen. Regierungen springen mit Garantien und Rettungspaketen ein oder verstaatlichen schwer angeschlagene Geschäftsbanken. Die Auswirkungen auf die Realwirtschaft waren zunächst gering. Doch spätestens als die Automobilbranche horrende Absatz- und Gewinneinbrüche verkündete, war die Finanzkrise auch beim „kleinen Mann" angekommen. Wie in anderen Nationen auch, versprach auch die deutsche Regierung, diese Auswirkungen durch entsprechende Maßnahmen, die sogenannten „Konjunkturpakete", eindämmen zu wollen.

Diese Hausarbeit soll also vor dem Hintergrund der Wirtschaftskrise, auch an Beispielen, darstellen, welche Möglichkeiten des wirtschaftspolitischen Handelns und Eingreifens dem Staat gegeben sind und wie diese hinsichtlich Wirkung und zukünftiger Tragfähigkeit beurteilt werden können.

1.2 Erläuterung des Aufbaus und des Inhalts dieser Arbeit

Dieser Einleitung folgt eine Einführung in die theoretischen Grundlagen der Volkswirtschaft, um festzustellen, aus welcher Intention heraus, staatliches Handeln in der Wirtschaft entsteht. Sie beinhalten die volkswirtschaftlichen Grundannahmen sowie Ordnungs-, Prozess-, und Wirtschaftspolitik. Auf Grund der besonderen gesetzlichen Verankerung nimmt die Wirtschaftspolitik hier einen größeren Stellenwert ein und wird auch entsprechend weiter gefasst.

Anschließend wird aufgezeigt, wie die in der Theorie erläuterte Wirtschaftspolitik eigentlich umgesetzt wird und umgesetzt werden kann.

Da diese Krise als Weltwirtschaftskrise zu verstehen ist, soll an dieser Stelle auch das de-globalisierende Verhalten von Nationen, der Protektionismus, erörtert werden.

Die anschließende Diskussion beschäftigt sich mit der Frage, welche positiven und negativen Auswirkungen von staatlichen Wirtschaftsaktivitäten ausgehen. Dies wird sowohl aus theoretischer Sicht als auch praktischer Sicht betrachtet, da die volkswirtschaftlichen Theorien bzw. ihre Vertreter bereits die grundlegenden Für und Wider zusammengetragen haben, aber auch wirtschaftspolitische Handlungen aktueller und vergangener Tage der BRD hinsichtlich ihrer geplanten und tatsächlichen Wirkung betrachtet werden sollten.

Abgeschlossen wird diese Arbeit durch ein Resümee der gewonnen Ergebnisse aus der Diskussion und einen Ausblick welcher sich an den Erwartungen der EU-Kommission und dem OECD - Wirtschaftsausblick orientiert.

2. Volkswirtschaftliche Grundansätze

2.1 Volkswirtschaftliche Theorien - Klassik und Keynesianismus

Um verstehen zu können, aus welchen Ursprüngen wirtschaftspolitisches Handeln entstanden ist und welche Meinungen und Ansichten das Handeln oder Nicht-Handeln eines Staates im wirtschaftlichen Bereich fördern und beeinträchtigen, sind zunächst die Grundansätze der Volkswirtschaft zu betrachten. Aus verschiedenen Theorien und Denkrichtungen haben sich über die Jahre zwei Richtungen hervorgehoben, deren Relevanz durch ihre heutige Anwendung in Misch- oder Reinformen bestätigt wird.

Sie werden Klassik und Keynesianismus genannt. Die klassische Theorie wurde inzwischen weiterentwickelt und wird nun als Neo-Klassik bezeichnet, ihren Ursprung findet sie jedoch im 18. Jahrhundert durch Vertreter wie Adam Smith oder John Stuart Mill. Gegenstand dieser ökonomischen Theorie war, dass grundsätzlich von der Stabilität der Märkte auszugehen ist.[1]

Dies bedeutet, ein Markt besitzt genügend Selbstheilungskräfte, um sich immer wieder in ein Gleichgewicht zurückzubringen. Der Staat ist gehalten, sich hierbei aus dem wirtschaftlichen Geschehen herauszuhalten. Ihm werden Aufgaben wie die Entwicklung entsprechender gesetzlicher Rahmenbedingungen und die Überwachung der Einhaltung dieser Gesetze zugeschrieben.

---

[1] vgl. Schenk, H.: 2005, S. 53f.

Dieser Umstand führte zum Begriff „Nachtwächterstaat". Als durch die Weltwirtschaftskrise in der ersten Hälfte des 20. Jahrhunderts in den USA das Phänomen einer längeren Massenarbeitslosigkeit auftauchte, stellte man fest, dass die klassische Theorie diesen Umstand nicht erklären kann. John Maynard Keynes entwickelte zu dieser Zeit die nach ihm benannte Theorie, um aufzuzeigen, dass die Märkte durchaus nicht in der Lage sind, sich aus gewissen konjunkturellen Lagen wieder zu befreien. Er geht also davon aus, dass ein Eingreifen des Staates absolut von Nöten ist. Dieses Eingreifen muss antizyklisch stattfinden. D.h. in einer rezessiven Phase müssen sollen Staatsaufträge dafür sorgen, Arbeitslosigkeit zu bekämpfen und die Kaufkraft aufrecht zu erhalten während der Staat in einer konjunkturellen Hochphase auf Staatsaufträge verzichtet, um weitere inflationäre Auswirkungen zu vermeiden. In solch einer Phase soll der Staat Gelder einsparen und Schulden abbauen, um in einer Rezession wieder ausreichen finanziellen Spielraum zu besitzen.[2]

2.2 Ordnungs- und Prozesspolitik in einer Marktwirtschaft

Eine Marktwirtschaft kann verschiedene Ausprägungen annehmen. Daher ist zunächst zu klären unter welchem Umstand die Ordnungs- und Prozesspolitik zu verstehen ist. Als Grundtypen der Marktwirtschaft sind die Zentralverwaltungswirtschaft als Ausfluss des Sozialismus und die freie Marktwirtschaft, welche in liberalistischen Gesellschaftsordnungen vorherrscht, zu nennen. In einer Zentralverwaltungswirtschaft wird das Marktgeschehen zentral gesteuert und geplant. Daher ist diese Ausprägung nicht weiter relevant, da die Wirtschaftssubjekte und somit auch die Märkte nicht mehr den üblichen Gegebenheiten unterliegen. Im Folgenden wird also von Ordnungs- und Prozesspolitik in einer freien oder sozialen Marktwirtschaft gesprochen.[3]

Die Ordnungspolitik beschreibt die Gesamtheit aller Gesetze und Verordnungen, welche zum Schutz eines stabilen und gerechten Wirtschaftsgeschehens beitragen. Hier sind z. B. Kartellverbote oder das Gesetz gegen unlauteren Wettbewerb zu nennen. Die Gesetze der Ordnungspolitik schützen also das System einer freien Marktwirtschaft und können auch soziale Aspekte aufgreifen um Minderheiten oder sozial schwächer gestellte Personengruppen zusätzlich zu unterstützen.

---

[2] Vgl. Schenk, H.: 2005, S. 53f.
[3] Vgl. Schenk, H.: 2008, S. 11

Das grundsätzliche Ziel der Ordnungspolitik ist demnach die Erhaltung eines funktionsfähigen Wettbewerbs, die Erhaltung von fairen Wettbewerbsbedingungen sowie ein eigenständig funktionierender Preismechanismus. Die Ordnungspolitik entspricht also der klassischen Theorie als staatliches Instrument am Meisten.[4] Sollte die Schaffung dieser Rahmenbedingungen in denen das Handeln der Wirtschaftssubjekte florieren kann in der Praxis nicht ausreichen, so sind dem Staat durch die Prozesspolitik weiterreichende Möglichkeiten gegeben, um direkt in das Wirtschaftsgeschehen der Nation einzugreifen um eventuelle Negativentwicklungen oder ungerechte Wettbewerbsverhältnisse entsprechend abzuwenden. Die Prozesspolitik entspricht also zum Einen der keynesianischen Vorstellung einer aktiven Rolle des Staates und lässt sich zum Anderen aber auch durch gewisse sozialpolitische Bedingungen einer Nation begründen. So z. B. in der BRD, deren Marktwirtschaft deshalb als soziale Marktwirtschaft bezeichnet wird, weil die Ordnungspolitik von einer stark ausgeprägten Prozesspolitik unterstützt wird, welche wiederrum von einer großen sozialen Note geprägt ist. Die Zielsetzung dieser Prozesspolitik ist gesetzlich verankert und wird im nächsten Abschnitt näher erläutert.[5]

2.3 Die Ziele der Wirtschaftspolitik

Das im bisherigen Verlauf beschriebene staatliche Eingreifen in die Volkswirtschaft definiert sich in Deutschland durch eine Gesetzgebung aus dem Jahre 1967. Im §1 des Gesetzes zur Förderung der Stabilität und des Wachstums der Wirtschaft (StWG) finden sich folgende Zielsetzungen: Stabilität des Preisniveaus, hoher Beschäftigungsstand, stetiges und angemessenes Wirtschaftswachstum und außenwirtschaftliches Gleichgewicht. Hinzukommen zwei weitere Ziele welche keinen Einzug in das Gesetz gefunden haben, allerdings auf Grund ihrer aktuellen Bedeutung nicht weniger intensiv verfolgt werden. Als da wären, eine gerechte Einkommens- und Vermögensverteilung sowie ein ökologisches Gleichgewicht bzw. die Erhaltung einer lebenswerten Umwelt. Diese gesamtwirtschaftlichen Ziele bedeuten für die Regierungen auf Bundes- und Länderebene also die Verpflichtung im gesamtwirtschaftlichen Interesse zu entscheiden und zu handeln.[6]

---

[4] Vgl. Schenk, H.: 2008, S. 11
[5] Vgl. Schenk, H.: 2008, S. 11
[6] Vgl. Schenk, H.: 2008, S. 13f.

Die vier bzw. sechs Ziele werden auch als „magisches Vier- oder Sechseck" verstanden, da die Verfolgung eines der Ziele sich immer positiv oder negativ auf ein anderes Ziel auswirkt. Es besteht also immer ein Zielkonflikt, eine Zielharmonie oder eine Zielneutralität, was dafür sorgt, dass vermutlich zu keinem Zeitpunkt alle Ziele gleichzeitig erreicht werden können.[7] Im folgenden Abschnitt wird auf die Zielsetzungen im Einzelnen eingegangen und herausgestellt, welche Möglichkeiten der Wirtschaftspolitik innerhalb der Zielsetzungen gegeben sind.

3. Staatliche Interventionen und die Finanzkrise

3.1 Wirtschaftspolitische Maßnahmen

Auf Grund seiner Bedeutsamkeit, ist zunächst auf das Beschäftigungsziel einzugehen. Die Bedeutsamkeit begründet sich zum Einen durch den hohen Stellenwert der Wohlfahrt des Einzelnen in einer sozialen Marktwirtschaft und den äußerst negativen Auswirkungen auf die Volkswirtschaft bei (Massen-) Arbeitslosigkeit. Aus diesem Grund gibt es unter den weiteren gesamtwirtschaftlichen Zielen auch sog. Nebenziele, welche eigentlich dem Beschäftigungsziel dienen. Das Ziel eines hohen Beschäftigungsstandes zählt also zu den Hauptaufgaben der Wirtschaftspolitik, da Arbeitslosigkeit sich in mehreren Bereichen negativ niederschlägt. Wie bereits erwähnt, ist der Umstand der Arbeitslosigkeit für das Individuum eine sozial schwer tragbare Situation. Auf die gesamte Volkswirtschaft übertragen, bedeutet Arbeitslosigkeit eine Verschwendung von Ressourcen und einen nicht dauerhaft tragbaren Anstieg der Staatsausgaben bei gleichzeitig sinkenden Staatseinnahmen. Dies entsteht durch die vermehrte Zahlung von Transfereinkommen, welche die nicht mehr vorhandenen Faktoreinkommen ersetzen müssen.

Im Extremfall bilden sich durch Arbeitslosigkeit sogar politische Gefahren, da im Angesicht einer gewissen Ausweglosigkeit schnell ein Nährboden für populistische und radikale Akteure entsteht. Aus diesen Gründen ist also eine intensive Verfolgung dieses Ziels nötig, zu der folgende Möglichkeiten zur Verfügung stehen. [8] Unter dem Begriff Arbeitsmarktpolitik zusammengefasst, stehen Maßnahmen des Staates, welche besonders die Angebotsseite des Arbeitsmarktes unterstützen und Anreize geben sollen.

---

[7] Vgl. Schenk, H.: 2008, S. 17
[8] Vgl. Schenk, H.: 2008, S. 23

Maßnahmen gegen Arbeitslosigkeit können sein: Subventionen für bestimmte Branchen, Protektion, Förderung von Technologiebranchen, Förderung von schwachen Regionen durch Industrie- oder Infrastrukturausbau oder die Vereinfachung von lohnpolitischen Bestimmungen sowie Gewährung von regionalen steuerlichen Vorteilen. Wie bereits erwähnt, stellen diese Ziele auf die Förderung der Angebotsseite, also der Unternehmen ab, welche durch diese Anreize dazu animiert werden sollen, sich am Arbeitsmarkt Personal zu beschaffen.[9] Als weiteres „Oberziel" ist das Stabilitätsziel oder auch die Stabilität des Preisniveaus anzusehen. Grundsätzlich schreibt dieses Ziel vor, das im Euro-Raum, die Steigerungsrate des Preisindex unter, aber nahe bei 2% liegen muss. Diese Rate soll einen Freiraum für das Wirtschaftswachstum ermöglichen während zugleich die Geldwertstabilität erhalten bleibt. Würde dies nicht der Fall sein, liefe man ständig Gefahr, einer Inflation zum Opfer zu fallen, deren Auswirkung sich in schwindender Kaufkraft durch den Werteverlust des Geldes wiederspiegeln würde. Eine Inflation kann verschiedene Ausprägungen, so z. B. eine Nachfrage- oder Angebotsinflation, annehmen, welcher hier aber nicht weiter erörtert werden sollen. Die Möglichkeiten des Staates auf diese Größen einzuwirken zeigen sich in der Geldpolitik.

Die Geldpolitik meint die Steuerung der gesamten Geldmenge einer Volkswirtschaft (Geldmenge M3). Diese Steuerung lag bis 1998 in den Händen der nationalen unabhängigen Notenbanken; in Deutschland bei der Deutschen Bundesbank. Durch die Eingliederung in die EU, wurde diese Aufgabe an die EZB übergeben, welche für den gesamten EU-Bereich zuständig ist. Die Instrumente der EZB zur Steuerung ihrer Geldpolitik können sein: Erhöhung oder Senkung der Leitzinsen, Erhöhung oder Senkung der Mindestreserven, Ausweitung oder Einschränkung in der Kreditvergabe bei Offenmarktgeschäften und ständigen Fazilitäten.[10]

Das nächste Ziel ist bereits als Nebenziel zu verstehen, da seine Verfolgung eigentlich dem Erreichen der anderen Ziele dient.

Gegenstand des Konjunktur- und Wachstumsziels ist hauptsächlich die Verzahnung von Wirtschaftswachstum und Arbeitslosigkeit bzw. Erwerbstätigkeit, daher dient dieses Ziel vorrangig dem Beschäftigungsziel. Aber auch die anderen Ziele sind vom Wachstum betroffen, da Wirtschaftswachstum i.d.R. einen Zuwachs von Konsummöglichkeiten und auch Konsumausgaben bedeutet.

---

[9] Vgl. Schenk, H.: 2008, S. 29f.
[10] Vgl. Schenk, H.: 2008, S. 39ff.

Dies hebt den Lebensstandard und die Wohlfahrt, steigert die Einkommen und Kaufkraft, erhöht die Staatseinnahmen und bei entsprechender ökologischer Ausrichtung können umweltschonende Technologien und Verfahren entwickelt und eingesetzt werden. Vom Wachstum sind also diverse Dinge abhängig; ein negatives Wachstum würde demnach den Lebensstandard einer Nation senken. Um dem entgegenzuwirken, existieren zwei wachstumspolitische Ansätze: die nachfrageorientierte Wachstumspolitik und die angebotsorientierte Wachstumspolitik.

Die nachfrageorientierte Wachstumspolitik basiert auf der keynesianischen Theorie und fordert eine antizyklische Stabilisierungspolitik des Staates, der durch erhöhte Staatsausgaben die fehlenden privaten Investitionen kompensieren soll. Das wichtigste Instrument hierfür ist die Fiskalpolitik. Die Fiskalpolitik beschreibt die Steuerung von Einnahmen und Ausgaben des Haushalts eines Staates für z. B. infrastrukturelle Baumaßnahmen. Geht man von der angebotsorientierten Wachstumspolitik aus, welche seit den 80ger Jahren weitestgehend betrieben wird, so fordert man die Verbesserung der Bedingungen für die Anbieter- ,also die Unternehmensseite, in einer Volkswirtschaft während einer rezessiven Phase. Diese Verbesserungen treten z. B. durch Steuersenkungen, den Abbau von Bürokratie, Senkung von Lohnnebenkosten oder eine vereinfachte Lohnpolitik ein. Kurzum geht es um die attraktive und der Situation angepasste Gestaltung des Wirtschaftsstandorts, welche den Unternehmen Anreize und Freiräume für Investitionen bietet.[11] Als letztes Ziel des „magischen Vierecks" ist das Ziel des außenwirtschaftlichen Gleichgewichts zu erörtern. Wie der Name bereits sagt, wird über die Außenhandelspolitik versucht, ein bestimmtes Verhältnis zwischen Importen und Exporten zu wahren. Export- und Importüberschüsse können sich schadhaft für eine Volkswirtschaft auswirken. Hohe Exportzahlen sorgen zunächst für Wachstum, zeugen aber auch von der Abhängigkeit von anderen Nationen während eine große Importsumme eine schwache eigene Wirtschaftsstruktur wiederspiegelt, bei der viel Geld ins Ausland fließen muss, um sich zu versorgen, während durch die wenigen Exporte kaum Geld in die Volkswirtschaft zurückfließt.

Hier können verschiedene, teils auch drastische Maßnahmen ergriffen werden um Im- und Exporte zu steuern.

Bekannte und legitime Mittel sind z. B. Zölle und bestimmte Einfuhrbeschränkungen. Es gibt allerdings auch außenhandelspolitische Bestimmungen und Regelungen, welche nicht auf den ersten Blick und nur indirekt den freien Handel beeinflussen.

---

[11] Vgl. Schenk, H.: 2008, S. 55ff.

Dies wird im folgenden Abschnitt näher beschrieben.[12] Auf Grund des begrenzten Rahmens dieser Arbeit, werden an dieser Stelle die Ziele des ökologischen Gleichgewichts und der gerechten Einkommens- und Vermögensverteilung außen vor gelassen. Dies soll keine Wertigkeit der Ziele wiederspiegeln, im Gegenteil, ist sogar die Umweltpolitik in den letzten Jahren zu einem bedeutenden Thema geworden. Aus volkswirtschaftlicher und wirtschaftspolitischer Sicht beschränke ich mich jedoch auf die relevanten vier Ziele aus dem StWG.

3.2 Wirtschaftliches Abschotten - Der Protektionismus

Nicht erst seit dem medienwirksamen Auftauchen der Globalisierung ist der Handel über Landesgrenzen hinaus bekannt. Ebenso bekannt ist das Streben, den Vorteil des freien Handels für sich selbst zu auszunutzen und dabei die Binnenwirtschaft vor eventuell negativen Einwirkungen des Auslands zu schützen. Der Protektionismus ist also eine Art Schutzfunktion für die inländische Wirtschaft, welche durch politische Bestimmungen in Kraft treten kann. Hierunter fallen z. B. Zölle, Zulassungsvorrausetzungen, Kontingent- oder Einfuhrbeschränkungen. Der nach außen hin, als freier Welthandel deklarierte, Güter- und Dienstleistungstransfer zeigt schnell ein anderes Bild, wenn man diverse Regelungen, auch innerhalb der EU, betrachtet.

Führt man sich z. B. EU-rechtliche Lebensmittelvorschriften vor Augen, so lässt sich durchaus feststellen, dass man hierunter auch protektionistische Hintergründe vermuten könnte, wenn unter bestimmten Umständen Lebensmittel vom europäischen Markt ferngehalten werden. [13] [14]

In Bezug auf die Finanzkrise zeigen die Wirtschaftsnationen jedoch Einheit hinsichtlich der geplanten Vermeidung von protektionistischen Handlungen.[15]

Diese könnten sich z. B. durch entsprechende Regelungen bei Subventionen, Steuern oder der Bevorteilung bestimmter Branchen, zum Nachteil der anderen Nationen, zeigen.

---

[12] Vgl. Schenk, H.: 2008, S. 71ff.
[13] Vgl. Günther (18. Februar 2009), http://www.hausarbeiten.de
[14] Vgl. Pilgrim (18. Februar 2009), http://www.alexander-pilgrim.de
[15] Vgl. Reuters (18. Februar 2009), http://de.reuters.com

So sind z. B. die Pläne der französischen Regierung zur Unterstützung ihrer Automobilbranche durch Subventionen (bzw. zinsgünstige Kredite) auf harsche Kritik gestoßen, da dies als rein nationale und damit protektionistische Maßnahme aufgefasst wird.[16]

3.3 Aktuelle Beispiele staatlichen Eingreifens auf Grund der Finanzkrise

Um den rezessiven Tendenzen und Auswirkungen der Finanzkrise entgegenzuwirken versuchen die Regierungen aller Nationen entsprechende Vorkehrungen zu treffen um die Schäden an der Wirtschaft minimal zu halten. Genaue Vorhersagen kann natürlich niemand treffen und so bleibt die Wirkung dieser „Konjunkturpakete" bis auf weiteres ungewiss. In Deutschland wurden bisher zwei Konjunkturpakete verabschiedet. Sie beinhalten z. B. Steuererleichterungen, die Förderung von energiesparenden und umweltschonenden Technologien um die Umweltbranche zu fördern. Sie entlasten Neuwagenkäufer um die Kfz-Steuer im ersten Jahr oder gewähren eine sogenannte Abwrackprämie für die Verschrottung des Altwagens bei Neukauf. Ebenfalls ist die Kreditaufnahme für Mittelständler erleichtert worden. Hier lässt sich erkennen, dass in Deutschland ein gewisser Mix aus angebots- und nachfrageorientierter Wirtschaftspolitik vorherrscht, da für beide Seiten Anreize geschaffen werden.[17] Diese und weitere Regelungen betreffen also die Wirtschaft auf breiter Front. Es gibt aber auch Beispiele für individuelles Eintreten des Staates, so etwa bei der Hypo Real Estate (HRE). Diese auf Immobilienfinanzierung spezialisierte Bank, erhielt bereits staatliche Zuwendungen in Höhe mehrerer Millionen Euro.

Zur Zeit wird sie sozusagen künstlich am Leben erhalten, da eine Insolvenz dieser Bank, weitaus schlimmere Konsequenzen nach sich ziehen würde.

Anders sieht es hingegen bei Opel aus. Hier hält sich der Staat aus der schwierigen Situation zwischen Opel und Konzernmutter GM zurück, obwohl das Unternehmen ebenfalls stark in Bedrängnis steht und Arbeitsplätze auf dem Spiel stehen.

Argumentationen für das Nicht-Eingreifen des Staates könnten sein, dass man sich nicht zu sehr dem Sozialismus annähern möchte. Außerdem müsste bei einer unterstützenden Haltung Opel gegenüber auch jedes andere Unternehmen staatliche Hilfen in Anspruch nehmen dürfen, was wiederrum nicht realisierbar ist.

---

[16] Vgl. Waldermann (18. Februar 2009), http://www.spiegel.de
[17] Vgl. Schultz, Plöchinger (18. Februar 2009), http://www.spiegel.de

Das Für und Wider solcher staatlichen Maßnahmen ist also äußerst diskussionswürdig und findet daher Einzug in den nächsten Teil dieser Arbeit.

4. Pro und Contra der staatlichen Eingriffe

4.1 Pro und Contra gemäß den volkswirtschaftlichen Theorien.

Aus Sicht der Klassik und der Neoklassik lassen sich folgende Argumente gegen staatliches Eingreifen in den Wirtschaftsverlauf zusammen fassen. Zu aller erst gehen die „Klassiker" davon aus, dass die eventuellen Konjunkturschwankungen überhaupt erst durch das Eingreifen entstehen würden. Es sei nicht ausreichend und mit genügend Weitsicht geplant, sodass früher oder später sogar genau gegenteilige Effekte auftreten können. Hier spiegelt sich der liberalistische Grundgedanke wieder, welcher für absolute Freiheiten, auch im wirtschaftlichen Handlungsbereich, plädiert. Genau dies kritisieren die Keynesianer, da die Enthaltung des Staates nur zu einer Verwahrlosung der Wirtschaft führen würde, die sich selbst aus der misslichen Lage nicht befreien kann. Eingangs wurde bereits erwähnt, dass in der klassischen Theorie davon ausgegangen wird, das die Märkte (z. B. Arbeitsmarkt), sich selbstständig in ein Gleichgewicht zurückversetzt, nachdem Konjunkturschwankungen o. Ä. aufgetaucht sind. Die Realität spricht allerdings eindeutig gegen die klassische Theorie, da sie definitiv etwas anderes aufgezeigt hat. Betrachtet man den Staat aus keynesianischer Denkrichtung, so ist dieser unbedingt als aktives und teilnehmendes Wirtschaftssubjekt zu verstehen. Hierzu sind allerdings Staatsausgaben nötig, welche meist durch Neuverschuldungen finanziert werden.

Dies kritisieren die Neoklassiker sehr stark, da ebenfalls durch die realen Wirtschaftsverläufe gezeigt wurde, dass die durch die Neuverschuldung finanzierten Staatsaufträge, die entstandene Arbeitslosigkeit nicht wieder im selben Maße reduzieren konnte und somit die zukünftigen Staatseinnahmen nicht zur Rückzahlung der Schulden verwendet werden konnten.

Hier entsteht also ein gewisser Teufelskreis in, da der Staat sich zunehmend verschuldet und sich so die Hände für andere wirtschaftspolitische Aufgaben bindet und diese nicht mehr ausreichend wahrnehmen kann.

Dem Keynesianismus muss man allerdings zu Gute halten, dass durch seine fiskalpolitischen Maßnahmen auch Sozial- und Umweltpolitische Aspekte stärker berücksichtigt werden können als es in der Klassik der Fall ist bzw. war. Die Klassik war auf Grund ihrer Entstehungszeit von der materiellen Not in der Bevölkerung geprägt und dementsprechend ausgerichtet. Zu dieser Zeit waren z. B. arbeitsschutzrechtliche Bestimmungen noch nicht bekannt.[18]

4.2 Pro und Contra an realen Beispielen

An dieser Stelle sollen Beispiele aus der deutschen Wirtschaft aufgegriffen werden, die tatsächlich der staatlichen Wirtschaftspolitik entsprechen. Das wohl bekannteste Beispiel staatlicher Intervention in Deutschland ist die Erhaltung des Steinkohleabbaus in Deutschland, welcher seit Jahren über Subventionen finanziert wird und auch noch mehrere Jahre erhalten bleiben wird. Hier ist natürlich zu sagen, dass es aus wirtschaftlicher Sicht nicht lohnenswert sein dürfte, eine „sterbende Branche" am künstlich am Leben zu erhalten. Kurzfristig sind jedoch zumindest die sozialen Umstände der Kumpel gesichert. Ebenso negativ behaftet sind verschiedene Baumaßnahmen von großen Industrie- und Hafenanlagen in den neuen Bundesländern, welche heute leer stehen. Solche Vorkommnisse dokumentieren die Möglichkeit der staatlichen Fehlplanung, bei der die Schaffung bestimmter Anreize nicht fruchtet. In Einzelfällen werden diese Anreize sogar absichtlich ausgenutzt. Beispielsweise existierte ein Förderprogramm zum Ausbau weiterer Computerarbeitsplätze und der damit verbundenen Förderung der IT-Branche in Deutschland. Die Förderung bestand in vereinfachten Abschreibungsmöglichkeiten der neuen Geräte.

Viele Firmen nutzten dies jedoch negativ aus, in dem sie keine neuen Computerarbeitsplätze schafften, sondern die alten Geräte auf diese Weise günstig austauschen konnten. Dies sind sogenannte Mitnahmeeffekte. Positivere Beispiele der Wirtschaftspolitik sind z. B. die neu geschaffenen gesetzlichen Rahmenbedingungen für mehr Wettbewerb auf Strom- und Gasmärkten, wodurch sich die Position des Verbrauchers weitaus verbessert hat.

---

[18] Vgl. Schenk, H.: 2008, S. 53f.

An dieser Stelle wird also deutlich, dass jedes Handeln oder auch Unterlassen eines Eingreifens des Staates als positiv oder negativ erachtet werden kann. Hierauf möchte ich im nächsten und abschließenden Punkt dieser Arbeit eingehen.

5. Fazit und Ausblick

5.1 Fazit / Eigene Meinung über wirtschaftpolitische Handlungsoptionen

Betrachte ich nun abschließend alle genannten Aspekte über die vielfältigen Einsatzmöglichkeiten der wirtschaftspolitischen Instrumente, so komme ich zu dem Schluss, dass der Einsatz dieser Mittel mit großer Vorsicht zu genießen ist, da die Auswirkungen scheinbar nicht genau zu prognostizieren sind. Bei Fehlentscheidungen stehen dadurch Gelder in enormen Höhen auf dem Spiel. Aus diesem Grund möchte ich die neoklassische Denkrichtung favorisieren. Die Wirtschaftsgeschichte hat gezeigt, dass die nachfrageorientierte Angebotspolitik und die damit einhergehende Neuverschuldung nur schwer wieder Rückgängig gemacht werden kann. Bis zur Finanzkrise stand Deutschland kurz vor der Haushaltskonsolidierung und auf dem besten Wege Schulden abzubauen. Daher halte ich die aktuellen Entwicklungen hinsichtlich der Millioneninvestitionen der Konjunkturpakete in Deutschland teilweise für äußerst fragwürdig und kehre mich im Punkt der (übermäßigen) Neuverschuldung von der Theorie nach Keynes ab. Staatsaufträge sollten gezielt und möglichst genau bemessen erteilt werden. Meiner Meinung nach ist dieser aktuell nicht der Fall, da z. B. die Abwrackprämie nur den Verkauf von Kleinwagen fördert, welche selten in Deutschland produziert werden und somit in Deutschland trotzdem Produktionen vorerst stillgelegt werden. Desweiteren sind die staatlichen Bürgschaften für praktisch insolvente Banken und deren Aufrechterhaltung durch Steuergelder sozial kaum zu rechtfertigen, da die Neuverschuldung hierfür auf etliche Jahre und kommende Generationen abgewälzt wird. Auf der anderen Seite wird jedoch auch über Verstaatlichung und Enteignungen nachgedacht; der politische Kurs bzw. die wirtschaftspolitische Richtung schwankt meiner Meinung nach also zu sehr zwischen sozialistischen und keynesianischen Ansätzen und Maßnahmen.

5.2 Prognosen der Wirtschaft und Erwartungen der EU

Gemäß des Positionspapieres der EU zur Bewertung der Stabilitäts- und Konvergenzprogramme der EU-Nationen ist festzustellen, dass die EU für Deutschland eine verschlechterte Situation der öffentlichen Finanzlage erwartet. Für die Jahre 2009 und 2010 werden Haushaltsdefizite von 3% und 4% erwartet, bevor ab 2010 wieder eine Rückführung des Defizites auf 2 ½ % bis 2012 stattfinden soll. Die in Deutschland auf den Weg gebrachten Konjunkturpakete stehen mit dem EU-Konjunkturprogramm in Einklang. Deutschland wird daher aufgefordert, die dem EU-Konjunkturprogramm entsprechenden Maßnahmen zielgerichtet umzusetzen und, sobald möglich, zur Haushaltskonsolidierung zurückzukehren.[19] Betrachtet man den OECD-Wirtschaftsausblick, so zeigt sich ein ähnliches Bild, da mindestens bis zum Ende des Jahres 2009 mit sinken Wirtschaftstätigkeiten und weiteren großen Problemen auf den Finanzmärkten zu rechnen sein wird. Der Konsum und die Investitionen werden sich erst nach geraumer Zeit wieder erholen, wenn die geldpolitischen Maßnahmen ihre Wirkung entfalten. Im Laufe dieser Zeit wird sich ebenfalls eine deutlich sinkende Inflationsrate bemerkbar machen.[20]

---

[19]Vgl. EU-Kommission (19.02.2009), http://europa.eu
[20] Vgl. Schmidt-Hebbel (19.02.2009), http://www.oecd.org

14

6. Literaturverzeichnis

Günther, D.: Protektionismus in Theorie und Praxis. 2005. URL:
http://www.hausarbeiten.de/faecher/vorschau/46431.html (18. 02.2009)

Schenk, H.: Makroökonomie. 3 Auflage. o. A.. Riedlingen 2005

Schenk, H.: Wirtschaftspolitik. 3. Auflage. o. A.. Riedlingen 2008

Schmidt-Hebbel, K.: OECD-Wirtschaftsausblick. 2008.

URL: http://www.oecd.org/dataoecd/46/37/41728077.pdf (25. November 2008)

Schultz, S.; Plöchinger, S.: Konjunkturprogramm soll eine Million Jobs sichern. 2008.

URL: http://www.spiegel.de/politik/deutschland/0,1518,587920,00.html (02.11.2008)

Pilgrim, A.: Protektionismus. 2005. URL: http://www.alexander-
pilgrim.de/geschaeftlich/studium/Referat%20Protektionismus.pdf (18.02.2009)

o. V.: G7 will im Krisenkampf Protektionismus vermeiden. 2009. URL:
http://de.reuters.com/article/topNews/idDEBEE51E00820090215 (15. 02. 2009)

o. V.: Kommission bewertet Stabilitäts- und Konvergenzprogramme. 2009.

URL:http://europa.eu/rapid/pressReleasesAction.do?reference=IP/09/273&format=
DOC&aged=0&language=DE&guiLanguage=en (18.02.2009)

Waldermann, A.: Frankreich weißt Subventionsvorwurf zurück. 2009. URL:
http://www.spiegel.de/wirtschaft/0,1518,608633,00.html (19.02.2009)